JN437820

빗방울의 노래

빗방울의 노래

—

초판1쇄 2019년 6월 30일
지은이 서상만
펴낸이 김영재
펴낸곳 책만드는집

—

주소 서울 마포구 양화로 3길 99, 4층(04022)
전화 3142-1585·6
팩스 336-8908
전자우편 chaekjip@naver.com
출판등록 1994년 1월 13일 제10-927호

—

ISBN 978-89-7944-695-1 (04810)
ISBN 978-89-7944-354-7 (세트)

책 만 드 는 집 시 인 선 127

빗방울의 노래

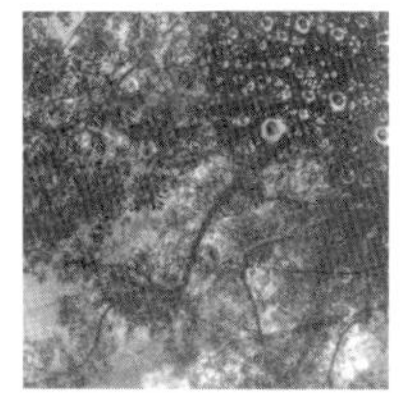

서상만 시집

책만드는집

| 시인의 말 |

내 詩는 새벽 빗소리
저 빗소리 늘 혼자 갈등한다
혼자라는 '것'
그 '것'의 무한함과 고독을
언어로 엮어본 작은 거처

—2019년 初夏 無所軒에서
서상만

| 차례 |

2부 아픈 잠자리

3부 다시 피는 꽃

4부 빗방울의 노래

1부

친절한 길

운초芸草*

나는 울고 싶을 때
참지 않고 그냥 확 울어버립니다

이젠 눈물을 가둘 수조가 낡아서
눈물이 줄줄 샙니다

그 바닥에 초본草本도 푸성귀도
축축하게 젖었습니다

곧 흙에 묻힐
젖은 울음이 시가 되는 동안

내 가슴에 끼워둔 운초 한 잎,
바싹 말라버린 것도 몰랐습니다

* 서책의 좀을 막기 위해 책갈피에 끼워두던 향초.

궁극窮極

등이 휘어
활이 되어가는 걸
나만 몰랐네

바람에 튕겨 나온
박피剝皮처럼

진종일 방에 앉아
화살만 닦는 궁사여

낙관落款

다된 고사목에 힐끗힐끗 새순이 곁가지를 치는 것은 곧 죽어도 천 년쯤은 고이 살 붙이고 싶은 천륜이 아닐는지 자국자국 매 맞아 피맺힌 발문跋文이여

만추晩秋 2

뼈도 녹는 추칠월秋七月
산마루는 석양에 타고

울안 벽오동 남은 잎은
야삼경夜三更 비에 지고

나는 한천 아래 비탈길
엉머구리 울음에 젖고

백몽白夢

동구 앞 우물가에 열대여섯, 살냄새 풋풋한 숫별들이 숫스레 알몸으로 내려온 걸 집 나간 암고양이가 슬그머니 훔쳐보네 훼방꾼 하늬바람이 홍시를 축담에 툭– 내려놓는 바람에 심심한 종각의 닳은 종소리꺼정 탱그르 탱그르 껍데기 소리로 널브러지네 꿈 깨면 그깟 다 일순의 호각소릴 텐데

부레옥잠

이래도 살고 저래도 산다
움푹 질퍽한 뻘밭 널리
부레도 아닌 것이
옥잠도 아닌 것이
두리둥실-
부레는 옥잠을 둘러메고
꽃이라도 피울까 싶어

가을 산

옥판선지 먹물 젖듯
하냥 서늘타 도봉아

무서리 맞아가며
밤새 앓은 이마 위에

당단풍 몇 잎 붙여
길 떠나는 뒤끝이

산도 차마 아프단다
낙관처럼 붉어서

공심空心

마음에서 마음이 떠나면
공심이 되던가
장의자 끝에 홀로 앉아
노을을 즐기며
미늘 없는 낚싯줄
허공에 던져
시간을 낚는 어제오늘
그래그래 곧, 다 덖을
살청殺青, 그 비의秘義 같은
혀에 독이 빠질 때까지
풍려까지 게우며

나잇값

꽃 필 때처럼 꽃 질 때도
피맺힐 약속쯤 없을까
새벽이 이슬을 슬어놓듯
세월이 자꾸 뒤통수치니
등질 때까진 어쩔거나
실수 연발 밥 먹듯 하며
헛된 궁리로 낭패 봐도
우리들 회유回遊는 늘
무한한 공즉시색空卽是色*이니까

* 집착 없는 눈으로 보아도 모든 것은 저마다 생생하게 살아 있음을 나타내는 반야심경의 말씀.

니힐리스트

월계동 찾아온 난 외톨이
주인 잃은 개처럼
수상한 몸짓으로 궁창을 헤매는,

어느 날 죽음이 날 불러도
대답하지 않으리
불길한 달빛은 깨물지 않으리

동숙同宿

오래 비워둔 외딴집
똑똑–
문 한번 노크해본다

혹, 누가 와
아랫목 데워 쉬고 있나

바람 소리 두려운 밤
쉴 곳 마땅찮은
저 들고양이 허리는
또 누가 쓰다듬어주나

백수白手

의젓한 견공犬公 나리 목걸이 매단 채 새벽길을 연다 그 뒤는 별 볼 일 없는 사람, 견공 나리를 받드느라 걸음이 꼬인다

속살은 두고 겉살 나무라는 엉터리 석수처럼 한 손에 개 끈 들고 노두길 허둥대는 저 익살을

뒷산 어디, 넌지시 훔쳐보며 자처우는 까마귀 울음도 제 겁怯을 숨기느라 가악 가악 목이 잠겨 반 토막이다

흙이여 어머니여

흙은 어머니의 따뜻한 눈물이다
구차한 것들과 슬픈 것들과 억울하게도
하찮게 썩어가는 모든 것을 안아주니까
비바람 무작정 닥치는 계절 앞에서
탈 없이 우리들을 깨우고 잠재워 주면서
굶주린 새벽, 무참히 우리를 밟고 가는
타락한 동장군의 발굽 소리와
소리 없이 죽어가는 자유의 불청객에게
자성의 눈발을 끌어 덮어 우릴 보듬는,
그대 이름은 진정 흙이고 어머니기에

음부陰府의 밀약

객고客苦 풀듯 저무는
가을 풀의 낡은 쟁론爭論,

한 삼동 독하게 견뎌주면
잎 피워 봄꽃 바치리

춘궁 트이면 진솔 입은
향기도 무더기 모셔 오리

녹색 집들의 열두 시간 : 뱀의 시간*

엊저녁 녹색 집
무색 치마 걷어 올려
열두 시간
몸을 판 추타로의
여인이여
그대,
귀가 없는 꽃뱀인들
몸 푸는 비린내는
차마 어이할거나
그림 밖 박명에도
그림 안은 꿈틀꿈틀

* 일본 판화가 기타가와 우타마로(1753-1806)의 니시키에 판화 기법으로 제작된 1794년도 작품(기메국립아시아미술관 소장).

내 무덤은

산속에 숨으랴

바다에 숨으랴

나, 짐짓 신의

눈 밖에 나서

숨을 곳이 없네

친절한 길

별빛을 잃었으니
저 박쥐를 따라가면
다른 밤에 들겠지

나는 이미 없고
그림자에 묻은
팔질八耋의 아픔을
쉿! 어쩌겠나

캄캄한 동굴 뒤편
나도 모르는 세상이
또 거기 있다니

낮달 2

누군가
겨울 창가에 멈춰 섰네

신발 한 짝 잃어버려
멀리 가긴 틀렸다고

귀혼歸魂

여보! 이젠 당신도
눈과 귀
다 닫혀버렸지요

조금만 기다려요
때 되면
공단 이불 둘러메고

토굴을 뚫고라도
귀신같이
잘– 찾아갈 테니

분재

누가 욕망의 날개에
주술을 걸었나

칭칭 동여맨 고문의 힘은
술사에 놀아난
철사의 충성심이다

머잖아 어긋난 뼈들이
광대 춤을 출 것이다

어디, 뒤 한번 밟아봐라

저 대머리 도봉에 희끗희끗 흩날리는 새치 눈발을 삼동 내 바라보다 눈 깜짝할 사이 놓쳐버렸다 혹 꽃비로나 하산하여 내 오독이 잠길 우묵한 동네 우물 하나 파줄까 했는데 눈 녹듯 사라졌다 세상 어디 사라지지 않는 것이 있긴 할까 그 뒤를 한번 밟아봐야겠다 혹 내년에도 싸라기눈 모셔 와 봄 수첩에 각주 하나 달아줄지

2부

아픈 잠자리

외줄

외풍에 들기로 장밋빛 꿈도
두 눈 다 밝아야 허락된다니
나는 한쪽 눈이 희미해져
들뜬 마음 곱게 접어야 할까
부질없이 망막도 지지고
어름사니 외줄 타고 허둥댄
줄광대 꿈도 삼켜버렸으니

별똥별 2

시장한 귀갓길 목로
잔술 몇 잔에
일당의 피로를 풀고

'그래, 사는 게 뭐람!'
밤하늘에 독백 한 줄
길게 끌며

어둑한 쪽방촌으로
가뭇없이 사라지는
먼 여로의 적자赤字 별

병病

말 잘 듣는 모르모트에게
또 무슨 처방인가

밤늦도록
내 마음 끌고 온 달구지가
종착역까지 가잔다

동상이몽

눈은 소리 없이 내려도
눈 녹는 계곡물 소린
참으로 청아하다

계곡은 오래오래
그 소릴 담으려고,

밤새 온 산을 뒤척이며
눈발을 끌어 덮네

미동

둔황 막고굴에서 보았던가
귀가 없는 보살불 하나
송이송이 연꽃 주름 잡힌
연좌대 위에 눈 감고 앉아
있던 귀는 어디 두고
없는 귀로 듣고 있다
저 먼 바라나시 불경 소리
잔잔히 몸에 담고 있다

그냥 빈집

인기척도 하나 없고
사립문도 없으니
문패야 있을 턱이
그래도 산과 들이
마당이고 정원이라
산새 소리 들새 소리
그냥 다 함께 듣는
한 하늘 한동네라
마 이만한 곡기면
아주 빈집 아닐세

탁란托卵

오늘은 금요일
"그 사람이 보고 싶다"

미국으로 입양된
찰스 킴
벨기에로 입양된
로린 마리아

둥지 바뀐 뻐꾸기들
피붙이를 찾아왔다

뻐꾹 뻐꾹 뻑 뻐꾹
마이크에 대놓고

꼬부랑말로
뻑 뻑 뻐꾸기가 운다

차라리 섬이라면 몰라도

항구 언저리, 섬도 아닌 것이
밤낮 파도에 매 맞아
천치가 다 돼버린 바윗돌 하나
하필이면 그곳에 운명처럼 붙박여
평생 침묵을 받아들인 천형이여
바다를 향한 유영의 푸른 꿈
혹여 누가 훔칠세라 몰래 감추고
오늘도 제 속살 파고 깎은
금삼錦衫의 피로
즐린櫛鱗의 암각화를 그리고 있다

아픈 잠자리

한 두어 번
치자 꽃잎 툭툭 친다
내 마음에 노크하듯

진즉 오래 잊었던
그녀 하얀 미소처럼
아쉽게도 잠시

내 그림자 속으로
순하게 숨는 날개여
아픈 면회여

풀처럼

일어서려니 쓰러지고
쓰러지니 일어서는
풀은 스스로 바람이다

조곤조곤 엎드려
신의 말도 엿듣고

휘몰이 바람에
사족이 잘려도
잘린 만큼 또 돋는
근성 있는 종種이라서

지평선

지상의 편린들
다 쓸어안고
천천히 하늘에 닿는

고단한 난간

도요새 날아간
어둑길 따라 까맣게
나도 지우며 간다

캄캄한 내일

눈을 떠도
앞이 안 보인다

찌ㅡ찌이

냉소 섞인
찌르레기 울음도
풀이 죽어서

초록 맨발

비오리 깃털 속에
봄을 숨겨두었다가
언 강 풀리니
도로 꺼내 오는 그는 누구

중랑천방길 마른 잔디 위로
추운 밤을 뒤적이며
살금살금 꼬물대는
초록 맨발들

답십리 휘몰던 칼바람도
낯선 외지 사람처럼
다소곳이 봄 햇살에
떠날 길을 묻고 있네

도봉잔설道峰殘雪

어느 시인이, 심심하신지
도봉산에 쌓인 눈이 좀체
하산하지 않는다고 투덜대지만

그도 그럴 것이
콧대 높은 산의 눈이 술술
제 발로 그리 쉽게 투항한담
꼴에 도 닦은 자존인데

실은 세상 소리 다 베어 문 채
수형首刑처럼 목매달고
웅크린 등성이가 희끗희끗
허공에 목매단 낮달 같다

왜 여직 새가 되지 못하고
고막에 갇혀 빗질만 하는지

도봉을 바라보며

도봉을 늘 바라만 보았을 뿐
한 번도
꼭대기까지 오른 적이 없다

저 서늘한 이마,
손으로 한번 짚어보고 싶어도

은자의 수구首邱처럼
늘 구름에 묻혀 서성대는 도봉

오늘은 또 어떤 산색이
내 숨은 부끄러움 깨워줄까

하산객 틈에 끼어
소주 한잔 걸치며
힐끗힐끗 정상을 훔치고 있다

단국화丹菊花

혹, 날 위해 그리
곱게 피었는지

낙엽 뒤설레는
이런 날은

속은 듯
날 위해 피었다고
한마디 해라

속아준 듯
날 데리러 왔다고
한마디만 해라

무너진 길

제 몸의 성홍열까지 학학 토해버린 노을 밖 먼 산, 아무리 골몰해도 저 산은 제 마음대로 질러가거나 돌아갈 수 없다

수풀의 새들은 명금에 취한 듯 고즈넉하고 초저녁별은 생사에 바쁜 지상에 높이 되어주려는지 사뭇 반짝이지만

지척을 막으며 오만했던 한 그루 고목마저 세월 이길 재간은 없는지 누구의 호명을 기다리며 망연하다

말귀

귀밝이술을 먹었어도 하 많은 사람들의 말귀를 다 알아듣긴 틀린 일 더구나 사돈 남 말 하듯 빙빙 돌려 꼬아대는 말은 그냥 들은 척 혹 못 들은 척해도 본전치기는 되니 가는귀여 총명하라 무심코 툭 던진 한마디가 누군가엔 시린 흉통이 되고 자신에겐 벽옥 귀고리 짤랑대는 멜로디가 되어서야 때론 아, 당신 참 맘에 든다 이 한마디로 우린 정든다

그 겨울 철길

그녀를 외투로 감싸줬던
오십 년 전 겨울밤
곧 기차가 들이닥칠
철길 위를 겁 없이 걸었다
차마 그 길이 영영
엇갈린 길이 될 줄 모르고

그 어디 우리 찍어둔
약속의 방점 하나
아직도 곱게 남아 있을까

날 춥고 그리운 날
기적마저 끊어진 철길에서
그대 안부를 묻는다만,

보상報償

늙어서 입은 상처
꽤 오래가고 희귀하니
홍시처럼 받들어 모시라*

그래야 머지않아
한 치레 보상받을 거네

나비가
새의 부리에 물려
더 높은 하늘을 날듯

걱정 마라 죽음도 더러
가을처럼 풍성해서

* 김윤희 시인의 「가을」에서 차용.

작은 호수

어릴 적 어머니 따라
바다같이 평수 큰
호수 구경을 간 적 있네
훗날 그곳에 다시 가보니
얼핏 작은 물웅덩이 같아

'빠듯한 타관살이에도
내 그리운 유년의 창은 늘
커다랗게 열려 있었던가'

그럼 그렇지
돌아보니, 산발치 그늘로
갈대와 새와 바람 사이
세세연년 바다로 이어줄
긴 여울 한 줄 곱게 숨겼네

나는 그간 무얼 하였는지
산새도 들새도 아니었네

3부

다시 피는 꽃

손톱

좀 무섭다 무덤 속에서 손톱이 자란다니 혹 이백오십만 년 전 호모하빌리스*의 에너지가 여기 차가운 시대의 무덤까지 찾아와 죽음의 미늘이 돼주겠다는 건가 그 누가 절각해주지 않으면 밤마다 처절한 각적角笛 소리– 망자를 두세 번도 더 죽일 텐데 어차피 백골로 삭아 진토 될 건 뻔하지만 어두운 토굴의 초병처럼 빤히 눈 떠 손톱이 다 닳도록 죽음을 탄주할지 짐짓 주저앉아 버린 망자의 젖가슴에 염주念珠를 굴리며 왕생을 기원할지 모를 저 영혼의 하얀 뼈는 대체 무엇이기에

* 물론 가설이지만, 구석기 인류 탄생의 시기에 손을 쓰는 사람이란 뜻의 호모하빌리스가 등장한다.

홍게의 길

코르시카섬 검은 달 뜰 때
배고픈 파르티잔의 투항처럼
저 절체절명의 붉은 행렬들
양팔을 치켜들고
품고 온 알을 바닷물에 턴다
견자의 몫은 달빛 포트폴리오
물수리가 잠드는 한밤쯤이면
설산의 가릉빈가도 무색할
아랫도리까지 부르르 떠는 짓이
꼭 욕토미토의 생불이다

프라하의 밤

누구나 생애 한 번쯤
점찍고 싶은 꼭짓점인 양
낭만을 삼킨 카를교에서
내 캐리커처를
영판 딴 얼굴로 그려준
다리 위의 화가
엄지를 불쑥 내게 내밀며
넘버 원이라 한다
그 연필에 던져준 이십 달러
노랗게 흐르는 블타바의
각혈이 죽을힘을 다해
나를 적시는 밤
잠 못 들고 울고 싶으면
자 백포도주 한 잔만 더
프라하 프라하 그리워도
떠나면 다시 못 올 곳

다시 피는 꽃

무진 뜨거웠던 지난여름 끝물
골풀같이 시들어간 꽃들이
엄동에 꿈을 가두더니 금세
눈보라를 헤치고 쇠방울보다
더 단단한 꽃망울을 뭉치다니
넉넉한 흙 똑똑한 뿌리여
오는 봄 그 누가 막아설까만
네가 너 스스로 깨어나 다시
꽃이 된 걸 보니 경이롭구나
내 어느 가을날 세상에 묻히면
해마다 너처럼 오갈 수 있는
미개의 신천지는 없을까
권리보다 가난한 시여 오기여

사랑아

–막고굴 45호 보살상에

저 미소 천 년도 더 아꼈다
하룻밤 사랑에 울던 사람아
서역이 따로 있나
사랑도 헤매지 말고
뚜벅뚜벅
낙타 가는 길을 따라가야
신기루를 본다더라

천 년 후 나는 어디 있을까
사막도 혹 서리 치는 날
내 죽음길 꽃가마에
저 미소 인질로 모셨으면
이, 나는 천 년까지 따라가
눈물 흘려도 내가 또 속을
사랑 같은 사랑아

혹여나

자정 넘긴 창 너머
불빛 하나 히히댄다
저 불빛 필시
나 같은 자의 불빛
실없이
서로 웃기지만
나야 그 되지못할
시라도 끼적이지만
너는 대체 뭔가
잠 못 드는 연꽃 속
부처란 말인가
옴 마니 반메 훔*

* 연화수보살이 극락왕생을 기원하며 부르는 주문으로 천수경에 나온다. 처음부터 끝까지 마음의 구슬로 연꽃을 피운다는 의미.

짐짓

눌부처를 쏙 빼닮은
너럭바위 지나며
스님도 합장하고
안골 할매 보살도
가끔 넉살 좋게
부처님 팔에 안겨
눈 붙이고 가는,
서낭당 돌아 흐르는
물굽이를 내다보며
열반에 든 청맹과니
입과 귀 문드러져도
산바람 공양 받고
가랑잎 지는 소리
다 듣고 있나 보다

섭생攝生 이후

새벽안개 밤이슬까지
섞어 품었다

서리 내린
가을 나뭇가지에
표표히 맺히는 무언극

흘러내리다 못내
촘촘 눈 떠서 매달리는,

말로만 살아 있는
흑사리黑舍利 별똥별

숲실*

숲실! 숲실! 입술에 얹으면
이슬에 젖는 풀벌레 소리

눈 감으면 희붐하게 떠오르는
어머니의 옥색 치마 나들이

귀청 때리는 새벽 참새 소리
노을 문 먼 잔물결 소리까지

그냥 놔두면 영영 묻혀버릴
내 귀는 지금 몇 살인가

* 영일만 내안에 접한 작은 숲 마을.

신탄리역

반백 년 넘게 멈춘 기적 소리
저 원산 바다 모래언덕
해당화 꽃잎에 묻어 있을까

막혀버린
지척의 산, 벙어리로 주저앉고
지척의 강, 눈물로 글썽여도
하늘 너머 철새 떼만 까맣게
제 맘대로 오갈 뿐
풀숲에 끊어진
경원선京元線 철길은 말이 없구나

갈 수 없어 더 가고 싶은 길
시그널에 매어두고
돌아서야 하는 나그네의
막막한 석양길

역두에 핀 맨드라미 꽃술처럼
붉게 탄 저 하늘 서럽구나

슬픈 토르소

물굽이에 꿈틀대던
저울 위의 모타리*들
무엇 하나만 빼놓고 다 팔아버린다

새빨간 혓바닥을
메스꺼운 콩팥을
안 팔리는 눈물은 중천에 뿌린다

남은 발목쟁이로 허덕이다
전봇대에 "내 장기는 절품이오"
방까지 붙여놓고

저녁 침대, 천국행 수혈대에 누워
남은 피를 쏙 뽑는다
실핏줄에 매달린 통방울 눈알이
댕그랑댕그랑
종처럼 곱게 울어

그래도 야단이다 그 피 칠갑 눈알
운필도 못 덧댈 홑청 같은 육피를
몽땅 고가로 사겠다는 긴 줄—

영혼에 값하듯 푸줏간도 북적
백정다운 오장육부의 완벽한 해갈,
부침도 후회도 없는 생이별이다

* 사람이나 사물의 크기를 의미하는 제주도 사투리.

콩나물해장국

콩나물 대가리 물맛 알듯
배 속에서 자꾸 국물 달라 보채서
국사발 연거푸 들이켰더니
물끄러미 바라보던 식당 주인아주머니
"하아— 참 선생, 식성 마음에 든다,
요다음부터 우리 집에 오시면
술값만 받고 해장국값은 안 받기요"
주력酒歷 오십 년,
살다 살다 이런 날이 다 있네
옛날 곰보 강감찬이 소싯적
금주골*이 다 떠내려갈 듯
가을 논에 새 쫓는 고함 소리에
아하! 조놈 못생겨도 한 짱 뜨겠구나
지나치던 사주 보는 중매쟁이 눈에
단박 들었다는 게 아닌가
설마 늘그막 내게 그 한 짱커녕
반의반 짱도 못 되는

술주정뱅이 되란 말은 아닐 테고
원수 갚듯 술이 술 부르는 날
술 반, 국 반, 출렁출렁 물 채우러 간다
죽은 박정만도 조정권도 자주 들른
월계동 굴다리 옆 그 콩나물해장국집

* 지금의 서울 봉천동.

무덤에 누워보기

하산길 개골바람 멈춘 곳
칡넝쿨, 망개 가시 걷어내고
초부들 쉼터 양지에 무덤을 판다

내 울음 묻을 황토 구덩이

쌓인 삶의 피로도 풀고,
눈먼 아집의 물기 빠질 때까지
봉분 아래 어설프게 못질한
싸구려 목관 속 칠성판에
나는 오래오래 누워 있을 작정

마른 풀잎으로 누워
나보다 더 무거운 수저 들고
평생 날 따라다닌 저
허기진 그림자를 달래며
이제는 하늘에

소지 한 장 활활 날리고 싶다

아득한 몽유의 길로 나는 가고
누가 남아
또 다른 세상에 춤출까

오십 년, 백 년 차례로
묻히고 묻는 자들의 공터에
시간이 쌓이고
옛사람 이름 속에 차츰
내 이름도 하얗게 지워져
사라질 것이니

이제 나는 없다 날 찾지 마라

벌서는 전선줄

산 넘고 강 건너 가로수길 따라
아직도 쓸쓸한 시골길 에돌아가며
겨울바람 불면 외롭게 줄 서서
잉잉 울어대는 전선줄이여

시간이,
무덤으로 모시는 치성인 양
뭇별은 왜 밤마다 내려다보고
새들은 혹
제 무덤 줄이 될지 모르는데
앉으면 꼭 노래 불러주고 가나

이러다 어느 날 비바람에 끊어져
오십만 볼트 갑옷 입혀져
땅속에 묻히거나,
알 수 없는 공중파로 달아나는
미지의 내일이 오늘이 될

문명의 시계 앞에

사물의 뒤끝을 누가 다 알랴만
외로운 마망Maman*처럼
쩔쩔 끓는 전류를 감춰 안고
벌벌 벌서고 있는 저 전리품은

* 태피스트리 기법으로 제작된 프랑스 루이즈 부르주아(1911-2010)의 엄마 거미를 상징한 조각 작품 이름(1999년 제작).

유산무산遺産無産

나, 여직 어느 언덕배기
초막 하나 지을 땅도 없지만
남한강 가 아내 무덤 옆에
내 누울 자리 한 뼘 비워두고
그날을 기다리느니

훗날, 내 자식들엔
아무것도 남겨주지 못하고
볼일 없는 몇 권의 시집과
미발표 시초들과 아끼던 책들
빈 마음만 주고 가게 됐다

혹 이담 내 제삿날 둘러앉아
영정 사진 쳐다보며
"우리 아부진 아무것도 준 게 없어"
지들끼리 쑥덕대는 소리 듣고
귀신이라도 서글퍼지면

그땐 뭔 말로 핑계 댈 일 없네

차라리 먹물 내려놓고
장마당 고무신 가게라도 해서
몇 동가리 땅이라도 챙겨줬으면
조금은 우쭐댈 것 아닌가

젠장, 난감타!

공수래공수거空手來空手去라니
더 섧다

큰 돌

너 거기
무슨 혹부린 양 수수만년 붙박여
온몸에 묵은 이끼 가뜩 안고
청청한 산허리 비탈진 계곡에
벌러덩 드러누워 농치고 있나

천 리 태풍도 간수해온 생채기
무슨 손으로 어루만지고 있나

옴짝달싹 안 해 보여도
소나무 우는 소리 짐승 소리에
불끈 발기해버린 큰 덩어리
무슨 맘으로 용솟음치고 있나

사시장철 죽어간 슬픈 그림자
죄다 품고 앉아
천둥 번개 내리쳐도 끄떡 않고

떠도는 뭇 영혼 쉬어 가게 하는
돌아 돌아 큰 돌아

너 거기 언제까지 엎드려
무정한 만지장서만 쓸 거냐

청도 단감

청도 사는 지인이
감 한 상자를 보내왔다
씨 없는 감이라고,
씨가 없다니 헛감
씨 없으면 가짜 아닌가
족보도 없을 테고

천신만고 엄마별에서
이름도 못 짓고
툭 젖줄을 놓아버린
고아 아닌감요

슬픔을 털어내려
씨를 발랐을까 삼켰을까
감을 깎아 맛을 보니
달기보다는
달달한 눈물을 씹는 듯
온몸이 다 젖는다

늙은 보리밭

사춘思春에 치여 늙어빠진 보리야
수염까지 누렇구나

머리에 금침을 꽂아도
끝내 석양에 끌려가 버린

죽은 내 아내 닮은 홀아비 보리야
호미곶 구만리 보리밭아

살신보시殺身布施

해풍 들고 나는 바닷가 초가
처마 밑에 내건 그물망에
몇 날 몇 밤이고
날벌레 하나 날아들지 않아
거미는 죽은 척 제 몸을 헐어
죽어가는 새끼에게 보시하네
'얘들아, 에미는 결코—
허약한 목수가 아니란다'
죽음도 불사한 에미의
무덤에서 꽃피는 꿈들의 피
저 섬뜩한 철천의 모성

어떠리

아무렴, 흔들리는 들풀이면
삭풍에 뒤엉킨 마른 풀대로
눈보라에 파묻힌 젖은 검불로
죽은 듯 살아 있는 들풀이면

가혹하게 벌 받는 들풀이면
어둠 속 길을 찾는 순례자처럼
버릴 것 다 버린 빈 하늘로
소리쳐 우는 들풀이면 또 어떠리

멍하니

–나도 잠자리

물 한 모금 마시고
멍하니 하늘 한 번 쳐다보고
어쩌면 내 삶도 애면글면
이리 조촐하게 늙고 있음
이제사 알리

끼 되면 한술 뜨고
밤마다 죽음을 연습하느니
대뜰 밑 땅벌레
흙 속에 장성長城을 쌓아도
대숲 소리 서럽듯

고스러진 모양새로
언제 어디로 사라져버릴지
나도 마름 위에 앉은
가을 잠자리

4부

빗방울의 노래

빗방울의 노래

어디가 누울 자린지 모르는
눈먼 빗방울들
비 맞고 선 어진 고목에도
저녁 산 검은 바위에도
쉴 수가 없다

초간에서 죽은
어느 화가의 세필 붓질처럼
머리 죽죽 쓰다듬으며
톡톡히 정신 차리고 있는
호박잎에 머문 손님

뒹굴거나 달리지도 마라
어리석다 곧 설한풍 불면
마른 잎사귀에 얼어붙어
두 번 다시 못 볼 나 같은
찰나의 눈먼 빗방울들

귀로歸路

기왕이면 다 맡기자
푸근하게 외따로 젖어

별빛은 물 위에
안내자로 뜨고
바람은 늘 후원자이니

나는
그 물길 따라 노櫓 없이
흘러가는 풍각쟁이

여행의 끝은 슬프지만
그래도 헤어질 땐
인심 좋은 떡버들처럼
안녕이라 손 흔들며
웃어도 주며

끝물에 젖은 말은
입 꾹 다물고
줄줄 물드는 대로 가자

잠 못 드는 바다

물새는 죽은 다음에도 울고 있었다*
다 늙은 유도幽島를 끌어안고

나는 주술사처럼 거푸 피를 뿌려도
바다는 비밀의 꽃인 양 물들지 않고

차갑게 잠든 아이들 돌무덤 위로
하르르 덮이는 하얀 포말뿐이어서

* 김춘수의 「처용단장處容斷章」에서 차용.

이명耳鳴

나뭇잎 떠는 소린 줄 알았는데
알고 보니 나뭇잎 뼈 깎는 소리다
저어새도 날아갔고
세상의 염색소란 죄 문 닫은 겨울,

바람 불어 더딘 밤은
서방 볶아대는 들창 안 여인네
바가지 긁는 소리로
다르륵다르륵 시맥이 뼈를 간다

자반 한 손

물결무늬 등에 진 고등어
갈매기 파도까지 따돌리며
넘나던 바다에서

막배로 실려 온
오늘은 푸른 배때기를 열어
염사의 날렵한 안수로

곧 누구 장바구니에 담겨
미라처럼 건너갈 것이네

죽어서도 눈 감지 못한
외로운 혼 낯선 인연 하나
제 살붙이처럼 꼭 껴안고

피멍 든 눈알 치뜬 채로
저 뜨거운 불판 위에

지글지글 소신공양하러 가네

몸을 태워 부처가 되면
고향 바다에 다시 갈까 해서

아버지의 흰 두루마기

하기야 다 그렇게 살다 간다지만,
내 나이 팔십 줄이 내일인데
이 나이까지 뼛속 깊이 남아 있는
−불효의 보약 한 재−

한 오십 년은 되었겠다
내가 대전에서 밥 빌어먹을 때다
왜 하필 그날따라 무슨 일로
우리 내외가 짜그락거렸을까

객지에 사는 아들이 보고 싶어
불원천리 찾아오신 아버지께
보약 한 재 지어드리지 못하고
심기 불편한
빈 몸으로 보내드린 이 불효를

'부부간 짝짝거림 칼로 물 베기다

서로 너그럽게 이해하고 사랑해라'

그러고는 서둘러 떠나셨다
얼마나 섭섭하셨을까
뒤도 한 번 안 돌아보시고

어머니 일찍 여의시고
혼자 사시며—
꼭 오늘의 나와 같은 세월을
쓸쓸하게 보내셨던 아버지

중절모에 하얀 두루마기 걸치시고
아버지는 어디로 가셨는지
보약 한 재, 용돈 좀 넉넉히
손에 쥐여드렸으면 얼마나 좋았을까
꿀떡 같은 후회의 마음
평생토록 가슴에 남아

오늘도 내 마음은
분월포 쪽으로 해가 지고 있다

보약 한 재 지어
멀고 먼 세상으로 아버지를 찾아갈
완행 차표는 벌써 예약해놓았다
아버지의 저문 그림자를 따라
나도 지워져 갈,

가을 환송

차라리 내년에는 맨몸으로 오시게
이렇게 너를 빈 몸으로 보낼 양이면
별빛 가득한 밤하늘 풀벌레 소리랑
가르 가르 그 이름조차 묻을 데가 없어

네가 앉은 곳마다 서리꽃 피고
눈앞의 벼랑에선 선들바람 일어
동토라도 곧 떠나지 않으면
죽음이 될 것 같은 비의만 남았다

내 무릎 부여잡는 마른 낙엽들
소리 죽여 조용히 눈보라에 감춰주며
봄여름 보낼 수심 누가 알끼미는
먼 기러기 마음으로 너를 보내주마

비로 모시는 어머니

빗소리에 섞인
어머니의 남도창을 듣습니다

골을 타고 흐르는 신명으로
그 옛날 남사당 버나도 덜미도
재간꾼 담양 고수鼓手도 살판도 불러
빈집 양철 처마의 낙숫물로
딱딱 가락을 잡습니다

풍물이 번지는 비 오는 날은
안뜰 작약도 밤잠을 설치는

저 얼굴 없는 그리움의 통증을
밤새 다 뽑아젖힌 가인歌人처럼

빗소리는
어머니의 흑백 초상화 한 장
내 머리맡에 놓고 갑니다

공원 벤치에서

내 어머니 나
어떻게 키웠는지

내 아내 새끼들
어떻게 키웠는지

다 떠나버린
여백의 무게가

낮달마저 지워진
텅 빈 公園 같다

그냥 바라보는 원경遠景

멀리서 나를 바라보는 너도
멀리서 너를 바라보는 나도
그런대로 아름답다

비 맞고 선 팽나무 한 그루
나를 바라보는 너도
너를 바라보는 나도
그런대로 아름답다

소리로 듣는 바람 사이
몸으로 젖는 것은 서럽지만
야성적 본능으로
입 꾹 닫고 무심한 척
바라보는 저 바위도 나도
아득하게 동구 밖을
서성이는 별처럼 아름답다

하얀 유메濡袂*에 적는 나의 낙서는

결국은 결국은
손이 짧아 붙잡지 못한
내 아내 하얀 유메여
무한 태허 어디쯤서
그 눈물 지우고 있을까

등 돌린 부처님도 모실
단경壇經을 품어본들
고통이나 슬픔은 잠깐
죽어 지내면 곧 사라져
눈물마저 쓸모없다는데

누굴 따라 기나긴 세상
자는 듯 마음 놓고
환한 귀로에 설까
엄살떨다 놓친 미안함
먹물로 적는 후회 낙서

* 눈물에 젖은 옷소매.

저 무색해진 것들 보고

보아라 그는 그 분야에서
소문난 팔색조라잖아
매일매일 드러나는
황금색 판도라 앞에서
또 어떤 제갈량의 묘수로
살아남을지

(나는야행성동물을싫어함)

따라서 나는
아무것도 본 것이 없다
본 것이 없어 말 못 할 뿐
굳이 아는 것이라곤
애초부터 나 같은 사람은
그들 안중에 없었다는 것

—벽을 허물더라도

사라지고 싶은 날은-

하늘아 넌 내 마음 알지
나는 벼랑쯤 걱정 없다
가진 것이라곤 날개뿐인
눈 감아도
창공을 날 수 있는 새니까

도깨비 도마뱀

내 혀는 생존
사막의 사자도 부러울 것 없지
밤하늘 별들이 불러내면
라틴 디멜로에 맞춰 재즈도 추고
잠들기 싫어 키보드를 두드리면
줄무늬 바람이
살포시 날 비단모래로 덮어줘요

내 잠을 밟고 가는 늙은 낙타여
그대 누굴 태워 이 길을 헤매나
이래 봬도 나는 사막의 체부遞夫
내게 길을 물어라
사방천지 적막 속에서도
난다 긴다 하는
내 별명은 맹랑한 도깨비 체부

오독誤讀의 먼지처럼

바람은 분명 바람이라도
우리가 늘 거기 섞여 사노라
고통이란 항상 주인 없는 것
오독의 먼지처럼 흩날리는 것
우리 태어나 죽기까지 가끔
냉골 속에서 찾는 따뜻함처럼
안개 걷어내고 먹구름 펴내면
미명의 밤하늘에
찢어져 울고 있는 낱별들까지
다시 총총 아름답게 빛나리
그러다 어느 날 소리 없이
사라질 그리움에 젖더라도
이 어리석은 사람들의 나라,
닫힌 마음 활짝 열어젖히면
죽음도 부끄럽지 않은
꽃다운 사랑 꼭 맛보고 가리

허사虛事들

눈물마저 뿌리가 없어선지
나도 모르게
물혹이 돼버린 허사들,
이런 날 물탱크 하나 몰고
신기루가 잠자는 열사에
비라도 뿌리고 싶다
거기 모래 속에 묻힌
영겁의 그림자들 불러내
세월의 헛수 나눠 삼키며
길동무하고 싶다

사라진 뉘 꿈의 주단길
별은 어둠 속에서도 빛나는데
시의 포자 하나 못 불린
목마른 하늘 아래
그의 시는 과연 몇 푼일까
바늘로 쿡 찔러도 이젠

토설할 변명거리도
시 한 줄 팔아먹을 좌판도
그 어디에 없다

끝장이니 자학 같은 거야
몽땅 버려도 되겠지
차마 인생까지 하찮아서

풀숲은 저물다 드러눕고

낙엽은 다 살았다 흩어지고
갈대는 왁자지껄 수런대고
하늘은 파랗게 질려 있다

참매미 울던 자리
귀뚜라미 되받아 울고
대추 열 받아 피멍 드는
이 심심찮은 가을날

장작더미 몇 남긴 산촌
빈집 그을린 굴뚝에
부지깽이로 써놓은
'산 너머 남촌'이란
유서 같은 낙서 한 줄-

산이 좋아 왔다가
산이 미워 떠났을까

마당가 자귀나무에
산새 하나 집 지키며
울고 있는 그 연유까지
난들 어이 알기나 하리

첫눈

1

중랑천에 첫눈이 내렸다
맨발의 비비새는 쪼르르
발자국만 남기고
어디론가 날아가 버린다
둔덕 너머 마른 풀
벌써 바람에 모지라지고
길마저 다 지워졌으니
어쩌랴 나도 천생
그 비비새 발자국이나
그 마른 풀밭 숫눈길을
섞바꿔 따라가면, 끝내
닿을 곳은 한 곳 아니리
나도 그렇게 다녀가마
가는 듯 머무는 듯
누구에게도 말하지 않고
혼자 걸어서

2

그렇다 쳐도
우리들 발자국마저
다 지워지면
그 누가 이 길에 서랴
우리가 사라지면
그 무엇이 또 남을까
하얗게 저무는
목쉰 기적 소리 다음은

다정한 겨울

평생 외박으로 떠돌던 한심寒心
따뜻한 아랫목에 뉘이고
깔아놓은 이불에 손 넣으면
겨울이 왜 이리 다정한지

문밖 눈보라 을씨년스러워도
나무마다 희디흰 꽃 무리
외로움에 병든 몸 간수해주니
겨울이 왜 이리 다정한지

집지킴이마냥 문 닫아걸고
황촉불에 시 한 줄 모두면
내 영혼 정작 천상에 있는 듯
겨울이 왜 이리 다정한지

애써 모른 척하고 잠든 그대
눈 덮인 흙집 눈에 밟혀도

지난날 아침처럼 참고 살지니
겨울이 왜 이리 다정한지

무덤 위의 청개구리

지금쯤
다공질 내 아내 뼈마디에
빗물이 새어 들어 잠들 수 없는,
그 아픔을 재우듯
청개구리 한 마리
묘봉을 베고 잠들어 있다

설핏 기척에 놀라
묘지기인 양 눈을 흘겨도
밉지가 않네

그래, 무덤에도 길을 내야지
고뇌도 고통도 없는 길
거기 또 한 사람 들어가 누울
공적空寂의 길을

허나 나는 지금 천근 고독

들을 수 있는 건
결빙을 부추기는 바람 소리뿐

매일매일
내 정신의 종점까지 갔다가
다시 돌아오는 멍에 들다가
지친 불면에 들면
못 이긴 척 지그시 눈을 감고
너를 찾아가리니

흙 한 줌 꼭 쥐어보는 마음

봄이 지척인 아침 뜰에서
흙 한 줌 꼭 쥐어본다
아직은 한기가 남았어도
흙이 주는 부드러운 용서
그 편안한 호흡을
가리늦게 알 듯하네요
하기야 신이 불러줄 날도
열 손가락 안에 있으니
흙에 가닿는 나의 소망은
죽어서도 숨 쉬는 흙,
햇살과 바람이 내통하는
잘 썩은 부엽토면 어떨까

타령조 1

–탁배기

뒤늦게 나 같은 사람 불러내지 마라 난 평생 내 집에 살기 작정한, 분에 넘치는 비싼 술 마시면 좀 그래 낯선 수레 타면 미혹에 빠질 테고 그저 순창 고추장에 황태 옆구리 쭉– 찢어 우물우물 잇몸으로 굴리며 살짝 데친 양하나물 입가심해 허연 탁배기 두서너 잔 걸치면 느긋이 취해 세상 부러울 것 하나 없는 같잖은 놈이지라

그깟 눈 어두운 방석 자린 또 뭣에 쓸꼬! 날 불러내지 마라 평생지기 내 무료함을 시속에 바꿀 수야 허튼 출사 따위에 주눅 들 바에야 차라리 독배를 들지 아서라 아서, 나는 가자미눈의 난전 파수꾼도 못 되어라

칠든 저녁 새는 노을 따라가고 인찌갑치 나래 접은 슬픈 나의 꿈, 속리俗理여 오기여 귀거래혜歸去來兮 귀거래혜

월보단장月甫斷章

1

동해의 돌문어도
문자 쓴다는데
먹물 파는 연전硯田이야 오죽하겠나
파지破紙만 보아도 목이 메는걸

2

변방의 빈촌 이 나이까지
오어사吾魚寺 풍경風磬
천 리 밖에 있어도
새벽 미명엔 내 잠을 깨우네

3

비바람 눈보라 난리 쳐도
사려 깊은 풀씨는 십 년 이십 년
캄캄한 도옥에서 고요를 먹고 사네
언젠가 출옥할 그날을 기다리며

가끔 생각 없는 풀씨
여기 기웃 저기 기웃
바람에 흩날려 허공을 헤매다
비 온다고 곧장
낯선 쪽배 올라타 살림 차리지만
그날로 나처럼 평생 노숙

4
이제 우리 앞에
찬란한 날은 몇 밤이나 남았을까
남은 길이 있기나 한가

억새꽃 위로 낮달은 무료하고
새 한 마리,
그 고요 깨질까 봐 비켜 난다

5

해골 나뒹구는 타클라마칸사막에서
불타는 활주로를 걷어내고
혼자 남은 자
가끔 신기루를 희롱도 했다는군
열사에도 꿈꾸는 자만이 승자라니까

6

매화꽃 필 때
노인은 소를 몰고 논골로 사라졌다
꽃 진 뒤, 워낭 소리만
딸랑딸랑 마을로 돌아왔다
동네 구장 실록에서

7

달빛이 고요를 어루만질 때
댓개비는 잔바람 투정이다

잠 깨우듯 잠재우듯
새끼 품은 숲새들 소스라친다
이 무슨 가을밤의 낭패인가

8
놀구름 지나간 자리
외기러기마냥 붙박여 있다
그 아래,
거망빛 목단 붉다
누가 버린 낡은 액자 속

9
명멸하던 불빛 사라지면
한량이 시 쓰기 좋은
먹바다
혹, 달 같은
대어大魚 하나 올릴까

슬며시 찌를 던져본다

10
누가 슬쩍슬쩍 보태는 말
그 시 名詩데이! 명시데이!

노회한 풍선 장수

시답잖은 말 너무 자주 들었더니
귀가 귀찮아
행과 연 사이에 귀를 묻는다

11
며칠째 덩그러니 놓여 있는
빈 찻잔 하나

깨물려 보지 않아 더 그리운

또 누구의 입술이 입 맞춰줄지
혹 뜨내기도 꽃이 돼줄지

12
철 지난 앵두나무 우물가에
바람 잡는 노인네야

허— 내가 뭐람!

공허한 아침 하늘 바라보며
그 속에 섞이는
한 자락 북새구름

13
봄꽃 핀 걸 본 듯도 한데
벌써 져버렸네

'월보月甫*야,
두말 말고 죽기 전에 죽어라
네 발밑이 낭떠러지다'

낮달이 직구直球로 한 수 거든다

* 시인의 아호.

| 해설 |

노경老境의 풍요로움과 아름다움

황치복 문학평론가

1. 지상의 흔적, 혹은 사무사思無邪의 노래

서상만 시인은 1982년《한국문학》신인상에 당선되어 문단에 나온 이후 『시간의 사금파리』(2007) 『그림자를 태우다』(2010) 『모래알로 울다』(2011) 『적소謫所』(2013) 『백동나비』(2014) 『분월포芬月浦』(2015) 『노을 밥상』(2016) 『사춘思春』(2017) 『늦귀』(2018) 등 9권의 시집을 상재했다. 그러니까 이번 시집은 그의 열 번째 시집이 되는 셈이다. 등단하고 30년이 넘도록 시집을 펴내지 못하다가 첫 시집 이후 거의 매년 한 권의 시집을 발간하고 있는데, 각각의 시편들이 고른 질적 수준을 유지하고 있어서 놀라운 장면이기도 하다. 이러한 현상은 시인이 그동안 얼마나 시에 대한 갈망을 내면에 감추고 있었는지,

그리고 그 열정과 에너지가 얼마나 축적되어 있었는지를 헤아리게 한다. 폭포수처럼 쏟아내는 그의 최근 시편들을 보면 그의 시집에 바둑돌처럼 놓여 있는 "울음"이라는 시어가 방증해주듯이 그동안 시인의 삶이 얼마나 유정하고 그윽한 것이었는지가 짐작된다.

그의 시는 크게 유년의 고향과 어머니에 대한 그리움, 오랫동안 병고를 겪다 일찍 하직한 아내에 대한 형언할 수 없는 안타까움의 정동, 그리고 끝이 보이는 노년의 삶과 그 내면 풍경들, 삶과 죽음, 혹은 시간에 대한 형이상학적 관심 등을 토대로 하고 있는데, 특히 자잘한 노년의 일상이 눈에 잡히듯이 선명한 이미지로 사실적으로 묘사되어 있어서 노경老境에 대한 본격적인 탐구로서 독자적인 시적 영역을 개척한 것으로 평가될 만하다. 노년의 삶을 다룬 시편들은, 소소한 일상과 그러한 일상에서 물결치듯 일어나는 과거에 대한 회한과 짧아져 가는 미래의 시간에 대한 안타까움, 그리고 노년의 눈에 스치는 여러 풍경이나 사건들이 범상치 않은 의미를 지닌 채 다가오는 모습들을 생생하게 재현함으로써 노년의 삶이 얼마나 풍요롭고 그윽한 향기를 낼 수 있는지를 실증하고 있다. 그의 시는 가히 노년의 발견이라고 할 수 있을 정도로 섬세하고 독특해서 모든 끝물들이 노을빛에 물들어 반짝이는 것처럼 아름다운 이미지로 들끓고 있으며, 복욱한 향기를 발산하면서 장관을 이룬다.

서상만 시인의 시적 공간이 생동하는 이미지들로 반짝일 수 있는 이유는 사물과 사건들을 마지막으로 보는 심정에서 찾아볼 수 있다. 이 세상에서 마지막으로 볼지도 모른다고 생각하면서 바라보는 사물과 사건들은 마치 처음 존재하는 것과 같은 생동감과 의미를 지니고 다가오기 마련이다. 우리의 습관화된 지각 작용의 자동화를 방지하기 위해서 러시아 형식주의자들이 '낯설게 하기'라는 시적 문법을 강조했던 것처럼 서상만 시인은 감각의 갱신을 통해서 세계가 놀라운 이미지와 의미로 들끓고 있는 모습을 포착한다. 그가 새로운 감각으로 사물과 대상을 감수하는 방법은 어린아이가 세상을 처음 보는 것과 비슷한 기제라고 할 수 있는 노년의 눈으로 '마지막으로 보기'인데, 이처럼 마지막으로 보는 것은 그동안 자신의 감각에 덧씌워진 관습의 껍질을 벗고 사물과 대상을 있는 그대로 보는 것이다. 그러니까 주관적인 감각의 인식 작용에서 주관의 개입을 최소화하고 대상과 사물의 생리와 형상을 고스란히 받아들이는 자세가 '마지막으로 보기'인 셈이다. 서상만 시인의 시편들이 구축하고 있는 놀랍도록 섬세하고 선명한 이미지의 비밀에 접근하기 위해서는 우선 그의 시에 대한 생각을 담고 있는 메타시들에 주목할 필요가 있다.

1

중랑천에 첫눈이 내렸다
맨발의 비비새는 쪼르르

발자국만 남기고
어디론가 날아가 버린다
둔덕 너머 마른 풀
벌써 바람에 모지라지고
길마저 다 지워졌으니
어쩌랴 나도 천생
그 비비새 발자국이나
그 마른 풀밭 숫눈길을
섞바꿔 따라가면, 끝내
닿을 곳은 한 곳 아니리
나도 그렇게 다녀가마
가는 듯 머무는 듯
누구에게도 말하지 않고
혼자 걸어서

2
그렇다 쳐도
우리들 발자국마저
다 지워지면
그 누가 이 길에 서랴
우리가 사라지면
그 무엇이 또 남을까

하얗게 저무는
목쉰 기적 소리 다음은
–「첫눈」 전문

주로 단시에 치중하는 서상만 시인의 시치고는 장시에 해당되는 작품인데, 비비새의 발자국이라든가 모지라지는 마른 풀들에 주목하는 시적 화자의 눈길을 통해서 시인의 내면 풍경과 그 주된 관심사를 확인할 수 있다. 겨울이 되어 내린 눈이 녹아 없어지면 사라지는 비비새의 발자국처럼 우리의 인생이란 것도 그처럼 곧 지워질 한순간의 흔적에 불과하다는 것, 겨울이 되면 모지라지는 마른 풀처럼 고사枯死와 소멸을 면할 수 없다는 운명에 대한 체념 등이 담담하게 묘사되어 있다. 시적 화자는 그러한 세상의 이치를 실존적 결단을 통해서 수용하겠다는 의지를 다지고 있는데, 삶의 흔적으로서의 "발자국"이 모두 지워지면 그 후에 남게 될 니힐리즘의 풍경을 어떻게 감당할 것인지는 여전히 의문이 남는다. 존재의 소멸과 몰락을 수용하는 것은 어렵지 않지만, 존재의 흔적과 역사까지 없어질 때 그 막막하고 광활한 공허와 허무를 감당할 수 없다는 자각에 이르고 있는 셈이다.

시적 화자는 그러한 니힐리즘에 대응할 새로운 대안으로 "하얗게 저무는/ 목쉰 기적 소리"를 내세우고 있는데, 이 "목쉰 기적 소리"야말로 하나의 흔적으로서 얼마 남지 않은 이승의 시간 동안 자신의 존재성을 이승의 한구석에 새기는 절박한 시인의 정동의 담지체로서의 시에 대한 메타포라고 할 수 있을 것이다. 기적 소리란 가야 할 길이 남아 있음을 알리는 증표이기도 하고, 그러한 길을 통해서 자신의 존재성을 강조하는 소리이기도 하다. 더구나 그러한 기적 소리가 "목쉰" 소리라는 점에서 그 소리는 존재에의 의지에 대한 열망의 강렬도를 함축한다. 그런데 여기서 주목되는 점은 시적 화자가 흔적도 없이 사라질 존재성에 대한 강렬한 의식적 지향이 "첫눈" 혹은 "숫눈길"이라는 계기에 의해서 작동되고 있다는 것이다. 첫눈이라든가 숫눈길은 경험 대상과 대면하는 첫 느낌과 감각을 상기시킨다. 그것은 놀라움과 신기함의 정서적 가치를 야기하고, 그리하여 관심과 주목의 정서적 몰입을 요구하기도 한다.

그런데 시적 화자는 그러한 첫눈이나 숫눈을 보면서 소멸 후에 남을 광활한 니힐의 장을 떠올린다. 어쩌면 맨 처음 경험하는 대상은 생동하기 때문에 그 소멸에 대한 감각을 더욱 예민하게 할 수 있는지도 모른다. 모든 첫 경험은 잊히지 않는 흔적과 잔상을 남기기 마련인데, 그래서 이 시에서 첫눈은 흔적과 소멸에 대한 시적 상념을 더욱 강화하는 역할을 하고 있는 셈이다. 물론 녹아서 흔적도 없이 사라지는 "눈"의 속성이 소멸과 무화에 대한 강박관념을 촉발하고 강화하는 기제로 작동하고 있기도 하지만, 처음 경험하는 눈과 발자국은 그것이 마지막일 수도 있다는 의구심과 결합하여 더욱 그 감각을 간절하고 생동감 있게 만들고 있는 것이며, 시란 그러한 감각의 증언과 기록으로서 기능하고 있는 셈이다. 시가 존재성의 기록과 증언으로서 작동하고 있다는 사실을 다음 작품에서도 확인할 수 있다.

> 무진 뜨거웠던 지난여름 끝물
> 골풀같이 시들어간 꽃들이
> 엄동에 꿈을 가두더니 금세
> 눈보라를 헤치고 쇠방울보다
> 더 단단한 꽃망울을 뭉치다니
> 넉넉한 흙 똑똑한 뿌리여
> 오는 봄 그 누가 막아설까만
> 네가 너 스스로 깨어나 다시
> 꽃이 된 걸 보니 경이롭구나
> 내 어느 가을날 세상에 묻히면
> 해마다 너처럼 오갈 수 있는
> 미개의 신천지는 없을까
> 권리보다 가난한 시여 오기여
> –「다시 피는 꽃」 선문

서상만 시의 전형적인 패턴인 여름과 겨울, 삶과 죽음, 그리고 자연과 인간의 대위법적 구도가 선명히 각인되어 있는 이 작품은 순환론에 기댄 자연의 무한성과 일회성의 삶에 구속된 인간의 유한성이 서로 대비를 이루면서 자연스럽게 시에 대한 메타적 관점이 부각되고 있는 작품이다. 뜨거웠던 여름을 보낸 "끝물"에는 삶의 향유에서 오는 희열과 예감되는 소멸에서 오는 회한의 정서가 응축되어 있는데, 그러한 희열과 회한이 순환을 이루면서 되풀이되도록 하는 것은 바로 "꽃망울"이다. 꽃망울은 끝물이 다시금 꽃이 되어 생의 환희를 향유하도록 하는 기제로서 생의 일회성을 무한한 반복성으로 전환시키는 놀라운 갱생의 모티프인 셈이다.

꽃망울에서 끝물까지의 횡보를 반복하는 자연의 순환성은 일회적 삶의 기회만을 보장하는 인간의 실존적 조건에 대한 감각을 예각화한다. 끝물과 꽃망울의 순환을 통해서 무한히 생을 영속하는 자연과 달리 한 번의 생으로 영원히 닫혀버리는 시간만을 향유하는 인간의 삶에 대한 회한을 풀기 위해 시적 화자는 "미개의 신천지"를 구하고 있는데, 시적 화자가 말하는 미개의 신천지란 바로 "권리보다 가난한 시"를 지칭하는 것이다. 시적 화자가 생각하기에 시는 자연의 순환성을 가능케 하는 기제로서 "다시 피는 꽃"과 유사한 것이라고 할 수 있지만, 그것은 자연의 순리에 의해서 자연스럽게 보장된 것이 아니기에 "권리보다 가난한" 것이기도 하며, 자연의 이치에 의해 이루어지는 것이 아니라 인위적인 노력에 의해 가능한 것이기에 "오기"에 가까운 것이기도 하다. 즉, 시는 "다시 피는 꽃"이기는 하지만, 그것은 자족적으로 피는 것이 아니라 독자들이 시집을 열고 읽어줄 때만 "다시 피는 꽃"이라는 점에서 가난하고 오기에 가까운 것인 셈이다.

가난한 오기에 가까운 것이 시라고 할지라도 시는 시인이 자연의 무한성과 대비되는 인간의 유한성을 극복할 수 있는 유일한 창구라는 점에서 그 가치를 헤아리기 어렵다. 하지만 시가 그러한 가치를 획득하기 위해서는 자연의 순환성을 재현할 수 있는 역능을 지녀야 한다. 시의 역능이란 두 가지 측면에서 생각해볼 수 있는데, 시인의 관점에서 그것은 자연이 끝물에서 꽃망울을 오가는 것과 같은 생의 충실한 재현이어야 하며, 독자의 관점에서는 "다시 피는 꽃"처럼 언제든 다시 펼쳐보고 싶은 노래의 씨앗을 간직하고 있어야 한다. 이러한 점에서 시는 시인의 삶의 흔적이자 존재 증거로서의 위상을 지니며, 그의 아름다운 삶의 기록은 독자들에게 무한한 삶의 영감의 원천으로 작동하면서 갱생을 영위하는 것이다. 서상만 시인의 시편들이 하루하루 매 순간의 생동하는 삶의 기록으로서 진정성을 지닐 수 있는 것은 이러한 시론에서 우러나오는 효과일 것이다.

그의 시에는 유독 "울음"이 여러 번 언급되는데, "나는 울고 싶을 때/ 참지 않고 그냥 확 울어버립니다"(「운초芸草」)라고 하거나 "곧 흙에 묻힐/ 젖은 울음이 시가 되는 동안"이라고 하면서 울음이 곧 시라는 생각을 자주 피력한다. 시인이 말하는 울음이란 시인의 감수성이 일상의 사물이나 사건들과 만나 형성하는 어떤 정서적 내용을 지칭한 것일 터인데, 그것이 곧 시라고 주장하고 있는 셈이다. 더구나 울고 싶을 때 어린아이처럼 울어버린다는 시인의 고백을 보면, 그의 시가 삶의 자잘한 감수성의 기록이자, 꾸밈없는 동심童心의 그것임을 알 수 있다. 하지만 그 동심이란 노년의 동심이라는 점에서 그가 흘리는 눈물에는 삶의 그윽하고 아득하며 애틋한 국면들이 배어 있다. 그러나 또한 그것이 울음이라는 점에서 그 울음 속에는 모든 유한한 것들이 지닌 아픔과 고통, 그리고 그러한 것들에 대한 연민의 감정이 스며 있다. 무엇보다 울음으로서의 시라는 시론에는 공자가 말한 사악함이 없는 맑고 순수한 어떤 경지를 연상시키는 아우라가 있다.

마음에서 마음이 떠나면
공심이 되던가
장의자 끝에 홀로 앉아
노을을 즐기며
미늘 없는 낚싯줄
허공에 던져
시간을 낚는 어제오늘
그래그래 곧, 다 덖을
살청殺靑, 그 비의秘義 같은
혀에 독이 빠질 때까지
풍려까지 게우며

―「공심空心」 전문

"마음에서 마음이 떠"난다는 것은 부정한 욕망과 집착에서 벗어난다는 것을 의미하는 것이지, 삶의 의욕이나 의지가 없어진다는 것은 아니다. 공심이라는 어휘가 선입관이나 자기 고집에 집착하지 않는 마음이라든가, 아무런 욕심도 없는 마음, 혹은 사랑, 번뇌, 망상 따위가 없이 순수하고 청정한 본래 마음을 뜻한다는 것을 생각해보면 쉽사리 이를 이해할 수 있다. 이러한 공심에는 사실 삶의 의욕과 심미적 가치가 들끓고 있는데, 장의자에 앉아 노을을 즐기는 모습이라든가 허공에 낚싯줄을 던져 시간을 낚는 모습에서 이를 짐작할 수 있다. 노을을 즐기는 모습에는 생의 한정된 시간 속에서 더욱 찬란하게 부각되는 이승의 아름다움에 대한 향유의 절박함이 함축되어 있고, 허공에 낚싯줄을 던져 시간을 낚는 모습에는 자신의 주관을 고집하지 않고 수시로 변하는 세상의 다채로운 이미지와 섭리를 마음에 담아내는 고요함이 담겨 있다.

물론 노을의 아름다움을 음미하거나 시간을 낚는 마음이란 욕심과 집착이 없는 순수하고 청정한 마음을 전제하는데, 시적 화자는 이를 살청의 과정으로 비유하고 있다. 살청이란 대나무를 불에 쬐어 대나무의 푸른빛을 없애는 일을 말하기도 하지만, 이 시의 맥락에서 볼 때 그것은 차를 만드는 과정에서 가열하여 찻잎의 산화효소의 활성을 파괴하는 과정을 지칭하는 것으로 이해할 수 있다. 타지 않을 정도로 불에 익혀서 산화효소를 제거, 찻잎의 성분이 변하지 않고 그윽하고 은은한 향이 우러나도록 하는 과정이 살청이다. 생잎의 생경하고 날카로운 성분을 중화시켜 본래의 차 성분을 유지하게 하는 것이 살청의 목적인 것이다. 시적 화자는 노을을 즐기는 마음이나 시간을 낚는 마음을 이러한 살청의 과정을 겪은 이후에 다가오는 경지라고 전제하고 있는데, 이는 곧 "혀에 독이 빠"지는 과정이기도 하다는 점을 암시한다. 혀에서 독이 빠지는 경지란 곧 청정무구의 본래 마음을 회복한 공심의 상태를 의미하며, 혀에서 독이 빠진다는 구절에서 우리는 이러한 경지란 곧 사악함이 없는 사무사思無邪의 시의 경지임을 짐작할 수 있다. 사무사의 시의 경지에는 "풍려"에서 연상되는 어떤 화려함이나 인위적이고 가식적인 자질들이 탈색되어 있음을 발견할 수도 있다.

이러한 시에 대한 생각을 담고 있는 시편들을 통해서 우리는 서상만 시인의 시들이 이승에서의 얼마 남지 않은 시간과 생동하는 감각에 대한 절박하고 생생한 기록이자 증언이라는 것, 그리고 자연의 무한성과 대비되는 인간의 유한성을 극복할 수 있는 유일한 대안이자 창구로서 갱생을 위한 수단으로 기능하는 것을 알 수 있었다. 물론 이러한 시의 역능은 노년의 동심과 같은 진정성과 살청의 과정과 혀에서 독을 빼는 청정무구의 본래 마음을 회복한 마음에서 우러나오기 때문에 가능한 일이다. 욕심과 사악함이 없는 시의 마음에 비치는 사물과 사건들이기에 서상만 시에서 그것들은 생동감을 지니면서도 있는 그대로의 모습이 왜곡되지 않고 본래 면목을 유지할 수 있는지도 모른다. 순수하면서도 맑고 깨끗한 노경의 마음과 그 마음에 비치는 삶의 풍경들은 애틋하면서도 아름다운 색깔로 채색된다.

2. 노경의 내면 풍경과 생동감

물 한 모금 마시고
멍하니 하늘 한 번 쳐다보고
어쩌면 내 삶도 애면글면
이리 조촐하게 늙고 있음
이제사 알리

끼 되면 한술 뜨고
밤마다 죽음을 연습하느니
대뜰 밑 땅벌레
흙 속에 장성長城을 쌓아도
대숲 소리 서럽듯

고스러진 모양새로
언제 어디로 사라져버릴지

나도 마름 위에 앉은

가을 잠자리

—「멍하니-나도 잠자리」 전문

노경에 접어든 눈으로 들어오는 풍경들이란 대체로 소멸해가는 모습, 혹은 말라가는 모습일 것이다. 종결에 다가가고 있다는 의식을 향해서 유독 그러한 풍경은 주목을 요구하기 때문이다. 하지만 역설적으로 그러한 상황은 재생과 갱생의 모습에 대한 열망을 강화하기도 하는데, 그로 연유로 노경의 눈에 비치는 세계는 그 대비적 색채로 인해서 더욱 선명하고 풍부한 장면을 선사하고, 더욱 애절하고 간절한 정동을 발산하는 국면을 연출하기도 하다.

인용된 시에는 삶과 죽음이 등을 맞대고서 밤과 낮의 순환처럼 시간을 만들어가는 과정이 묘사되어 있으며, 그러한 과정 속에서 결국 소멸로 향하는 생의 진실이 포착되고 있다. 물 한 모금을 마시는 것과 하늘을 한 번 쳐다보는 일, 혹은 끼니가 되어 밥을 한술 뜨고 밤에는 죽음을 연습하는 일은 삶과 죽음이 등을 맞대고 일상을 만들어가는 과정이다. 한 존재자의 생은 삶으로만 채워지는 것이 아니며, 밤과 낮이 교차하고 어둠과 밝음이 순환하듯이 죽음과 삶이 번갈아 교차하면서 그것의 내용을 구성하기 마련이다. 하지만 그처럼 갈마들던 운동이 쇠하고 기진하게 되면 존재자들은 "고스러진 모양새로" 앙상하게 말라서 흔적도 없이 사라질 것이다. 가을이 되어 누렇게 빛이 바랜 한해살이풀인 "마름"이라든가 그 위에 앉은 "가을 잠자리"는 시적 화자 앞에 놓인 운명의 길을 예고하고 있다.

그런데 이 시에서 주목해볼 점은 "나도 마름 위에 앉은/ 가을 잠자리"라는 구절이다. 이러한 표현은 하나의 은유가 아니다. 나도 한 마리 잠자리에 불과하다는 인생에 대한 허무감의 표현도 아니다. 이 구절은 서로 소멸의 공허를 받아들여야 하는 존재자들로서의 공감과 연대의 표현이다. 이러한 대목이 서상만 시인의 시편들이 단순한 묘사에 그치는 것이 아니라 깊은 울림을 지닌 정동의 생성의 장으로서 기능하도록 한다. 소멸을 향해 가면서 짧은 가을 햇살과 같은 시간만을 가지고 있다는 간절함이 공감과 연대의 폭을 심화하고 확대하여 가을 잠자리의 운명에 자신의 운명을 오버랩하는 것이다. 이러한 공감과 연대의 마음속에는 모든 죽어가는 것들에 대한 애틋하고 아련한 연민의 감정이 스며 있다.

뼈도 녹는 추칠월秋七月
산마루는 석양에 타고

울안 벽오동 남은 잎은
야삼경夜三更 비에 지고

나는 한천 아래 비탈길
엉머구리 울음에 젖고
―「만추晩秋 2」 전문

"만추"라는 제목이 저간의 사정을 암시하고 있다. 그리하여 이 시의 시적 공간에서는 '녹다', '타다', '지다', '젖다' 등 늦가을의 서정을 대변하는 시어들이 등장하여 시적 정취를 생성한다. "산마루"는 석양의 노을에 타고, "벽오동"은 잎이 지고 야삼경의 비에 젖는다. 그리고 "나"는 한천寒天 아래에서 울고 있는 엉머구리의 울음에 젖는다. 산마루나 벽오동, 그리고 엉머구리나 나는 모두 같은 운명체로서 늦가을의 시간을 살아가고 있으며, 곧 소멸의 시간이 찾아올 것을 예감하고 있다. 이처럼 을씨년스럽고 퇴락하는 이미지로 가득 차 있는 시적 공간임에도 불구하고 우리는 이러한 시적 공간에서 쓸쓸함이나 삭막함을 느낄 수 없다. 오히려 어떤 따스함과 든든함의 정서까지 느껴진다. 그것은 역시 소멸의 시간을 예감하면서도 어떤 공동의 운명에 함께 참여하고 있다는 느낌, 곧 동병상련의 연민과 공감의 형성으로 인해서 운명의 끈으로 연결되어 있다는 연대감이 있기 때문일 것이다. 서상만 시인의 시편에서 주로 다루고 있는 노경의 풍경이 따스하고 훈훈할 수 있는 이유가 여기에 있다.

멀리서 나를 바라보는 너도

멀리서 너를 바라보는 나도
그런대로 아름답다

비 맞고 선 팽나무 한 그루
나를 바라보는 너도
너를 바라보는 나도
그런대로 아름답다

소리로 듣는 바람 사이
몸으로 젖는 것은 서럽지만
야성적 본능으로
입 꾹 닫고 무심한 척
바라보는 저 바위도 나도
아득하게 동구 밖을
서성이는 별처럼 아름답다
–「그냥 바라보는 원경遠景」 전문

단순하면서도 아름답고, 평범하면서도 진실의 한 면을 남고 있는 작품으로, 노경이 아름다울 수 있는 이유를 잘 설명해준다. 그것은 바로 멀리 바라볼 수 있는 힘 때문인데, 멀리 바라본다는 것은 대상과의 거리감을 확보한다는 뜻이다. 주체와 대상 사이에 확보된 이 거리감으로 인해서 시적 화자는 멀리서 대상을 바라볼 수 있는 힘을 확보할 뿐만 아니라 "멀리서 나를 바라보는 너"를 바라볼 수 있는 여유도 지니게 된다. 나만 바라보는 것이 아니라 나를 보는 너의 시선도 느끼면서 시적 화자는 타자와 공감의 장을 마련하고, 그러한 장을 통해서 연대를 형성하는 것이다. 그러니까 근경近景에는 나의 시선만 존재한다면 원경遠景에는 나의 시선과 타자의 시선이 공존하는 셈이다.

그런데 내가 바라보고 동시에 나를 바라보는 타자란 누구인가? 이 시에는 "비 맞고 선 팽나무 한 그루"라든가 "입 꾹 닫고 무심한 척/ 바라보는 저 바위", 그리고 "아득하게 동구 밖을/ 서성이는 별" 등이 그러한 타자로 설정되어 있다. 그러니까 시적 화자가 자신을 바라보는 타자로 자연물들을 주목하고 있는 셈인데, 그들이 시적 화자를 바라보는 것은 사실은 시적 화자가 그들의 시선을 생성시킨 것이라고 할 수 있다. 즉, 주객전도의 메커니즘을 통해서 내 입장에서 바라보는 것이 아니라 타자의 입장에 서보는 것이다. 타자의 입장에 서본다는 것은 타자를 주체의 시선으로 재단하거나 평가하지 않고 타자를 있는 그대로 승인하는 것이며, 그들의 존재 방식과 존재 양태를 있는 그대로 수용하는 것이다. 시적 화자는 이러한 시선을 유독 강조하여 "그냥" 바라보는 원경이라고 명명했다.

그냥 바라본다는 것은 사실 쉬운 일이 아니다. 그것은 불교 용어로 말하면 여여如如의 경지에 도달한다는 것인데, 여여란 분별이 끊어져 마음 작용이 일어나지 않는 상태, 혹은 분별이 끊어져 있는 그대로 대상이 파악되는 마음 상태를 의미한다. 주관의 인식 작용에 의해 타자가 왜곡되거나 일그러지지 않고 있는 그대로의 모습을 포착하기에 여여의 마음은 "멀리서 나를 바라보는 너"를 바라볼 수 있는 것이다. 그리고 이러한 여여의 마음이란 바로 멀리 볼 수 있는 거리감의 확보와 있는 그대로를 인정할 수 있는 분별심의 극복으로 가능해진 것인데, 거리감의 확보와 분별심의 극복은 수시로 종결의 시간을 의식하는 노경의 무심함이 이룰 수 있었던 것이다.

또한 그냥 바라본다는 것은 단순한 것 같지만 사실은 매우 풍부하고 역동적인 이미지를 구축하는 시적 비책이 될 수 있다. 그것은 있는 그대로의 대상의 속성과 생리, 그리고 성격과 개성을 모두 살려냄으로써 풍부하고 개성적인 시의 화원을 정립하는 방법론이 될 수 있기 때문이다. 시인이 "우리들 회유回遊는 늘/ 무한한 공즉시색空卽是色이니까"(「나잇값」)라고 하면서 집착이 없는 눈으로 바라보면 모든 것이 생생하게 살아 있는 것으로 포착될 수 있음을 강조하는 것은 바로 이러한 메커니즘을 내포하고 있는 것이다. 노년의 눈으로 바라본 세계임에도 불구하고 서상만 시인의 시적 공간에서 다양한 이미지들이 반짝이면서 생동하는 것은 바로 이러한 시적 비전에서 야기된 것임을 알 수 있다.

어디가 누울 자린지 모르는

눈먼 빗방울들
비 맞고 선 어진 고목에도
저녁 산 검은 바위에도
쉴 수가 없다

초간에서 죽은
어느 화가의 세필 붓질처럼
머리 죽죽 쓰다듬으며
톡톡히 정신 차리고 있는
호박잎에 머문 손님

뒹굴거나 달리지도 마라
어리석다 곧 설한풍 불면
마른 잎사귀에 얼어붙어
두 번 다시 못 볼 나 같은
찰나의 눈먼 빗방울들
—「빗방울의 노래」 전문

서상만 시인의 시편들이 지니고 있는 풍부한 이미지와 생동감 있는 묘사의 힘은 먼 곳을 바라볼 수 있는 여여의 마음, 혹은 타자의 타자성을 있는 그대로 인정하고 수용할 수 있는 분별심의 몰각에서 야기된 것이지만, 여기에 "찰나"의 시간성에 대한 인식이 첨가되어야 한다. 모든 존재자들은 찰나의 시간을 향유할 뿐이라는 인식, 이 지상에 존재하는 것들은 모두 잠시 다녀가는 "손님"에 불과하다는 인식은 있는 그대로의 현실에 더욱 선명한 관심을 쏟게 하고, 그것이 지닌 의미를 더욱 풍부하게 발굴하는 효과를 발휘한다. 이 시의 "빗방울"은 그러한 찰나의 존재자로서의 속성을 대변해주는 사물이다.

"나 같은/ 찰나의 눈먼 빗방울들"이라는 표현에서 우리는 공감과 연대의 대상으로서 관계를 형성하는 서상만 시인 특유의 문법을 다시금 확인할 수 있다. 나와 운명 공동체를 이루는 빗방울은 "눈먼 빗방울"이라는 반복되는 표현에서 알 수 있듯이 나와 마찬가지로 종결의 시간을 알 수 없는 유한한 존재이다. 그것은 "곧 설한풍 불면/ 마른 잎사귀에 얼어붙어" 빗방울로서의 생을 마감할 운명에 처해 있으면서도 그 시기를 예측할 수 없다는 점에서 눈먼 존재자인 셈이다. 그런데 종결이 언제 다가올지 모르는 눈먼 존재자라는 사실은 어떤 면에서 축복일 수도 있다. 언제 끝날지 모르기에 순간순간의 모든 찰나가 무한한 가치와 의미의 질료로 작동할 수 있기 때문이다. 시적 화자는 애써 외면하는 척 "뒹굴거나 달리시도 마라"라고 하면서도 빗방울이 찰나의 순간을 뒹굴며 달리는 모습을 세밀하게 묘사해놓고 있다. 뒹굴며 달리기도 하고 머물기도 하는 빗방울의 모습은 매우 생동감 있고 활력이 넘친다. 물론 그것은 설한풍이 불면 곧 얼어붙어 빗방울로서의 역동성을 상실할 것이다.

하지만 그러한 빙결의 미래가 위협하기에 현재의 생동하는 모습은 더욱 빛을 발하는 것일 터이다.

서상만 시인이 그려내는 노경의 내면 풍경과 노경의 시선으로 바라보는 세계의 모습은 매우 풍요롭고 역동적이며 생동감을 지니고 있다. 그러면서도 따듯하고 훈훈한 온도를 내포한다. 이러한 모습은 앞서 분석한 시편들에서 확인할 수 있듯이 노경의 포용력에서 가능해진 유한한 존재자들과의 공감과 연대, 그리고 거리감의 확보와 분별심의 극복에서 가능해진 여여의 마음에서 우러나온 것이다. 거기에 언제 다가올지 모르는 종결에 대한 무지에서 오는 절박함으로서 찰나의 순간에 대한 간절함이 작동하고 있다. 이러한 모든 요소들은 서상만 시인의 시적 공간을 매우 풍요로운 이미지와 복욱한 향기, 그리고 농밀한 정동이 물결치는 역동적 공간으로 만든다. 그리고 그러한 기제들과 사유의 힘이 결합하여 삶과 죽음에 대한 형이상학적 통찰을 형성한다. 서상만 시인의 시편들이 풍요롭고 역동적이면서도 결코 가볍지 않은 것은 삶과 죽음에 대한 형이상학적 통찰이라는 시의식의 깊이가 자리 잡고 있기 때문이다.

3. 삶과 죽음의 형이상학

내 어머니 나

어떻게 키웠는지

내 아내 새끼들
어떻게 키웠는지

다 떠나버린
여백의 무게가

낮달마저 지워진
텅 빈 公園 같다
―「공원 벤치에서」 전문

짧은 단시로서 정제된 형식을 통해서 삶과 죽음의 의미에 대해서 결코 평범하지 않은 통찰을 보여주는 작품이다. "낮달마저 지워진/ 텅 빈 公園"은 치열한 삶의 현장에서 벗어나 있다는 점에서 죽음의 영역이라 할 만하다. 그곳은 텅 비어 있으며, 휴식과 안식이 자리 잡고 있는 정적인 공간으로서 죽음의 충동인 타나토스의 영역인 셈이나. 하지만 "여백의 무게"라는 취의에서 알 수 있듯이 그 영역은 결코 텅 비어 있거나 고요한 정적인 공간은 아니다. 그곳은 부재를 통해서 삶의 가치와 의미를 더욱 무거운 것으로 부조하는 공간이라는 점에서 역설적인 공간이기도 하다.

텅 빈 공간으로서의 공원은 나를 알탕갈탕 키웠던 어머니의 존재와 나의 아이들을 애면글면 키웠던 아내의 존재를 부재의 형식을 통해서 간절하게 소환하는 회감回感의 공간이기도 하다. 텅 빈 공원은 비어 있기에 아무것도 없지만, 무게로 짓누르고 있다는 점에서 부재로 들끓고 있는 역설적인 공간인 셈이다. 공원은 삶과 죽음이 동숙하는 공간이기도 하고, 삶이 죽음을 불러와서 해후하는 장소이기도 하다. 그러니까 "여백의 무게"라는 표현에는 삶 속에 깃든 죽음의 모습이 응축되어 있다.

따라서 "여백의 무게"란 삶의 무게라고 할 수도 있지만 죽음의 무게라고도 할 수 있다. 혹은 삶이 짊어지고 가야 하는 죽음의 무게이기도 하다. 그것은 삶과 죽음이 결코 둘로 나뉠 수 없으며, 등을 맞대고 함께 존재해야 한다는 사실을 암시한다. 삶과 죽음이 등을 맞대고 있는 공원이라는 공간은 텅 빈 채 여백의 무게가 짓누르고 있기에 허무의 공간인 듯싶지만, 사실은 죽음을 불러와서 그 무게로 삶을 지탱하며, 삶과 죽음이 서로 공감과 연대를 이루고 있다는 점에서 사실은 쓸쓸하지만 수많은 정동으로 들끓고 있는 풍요의 공간이기도 하다. 이러한 사실은 삶이야말로 죽음을 통해서 더욱 풍요로워질 수 있음을 암시한다.

눈은 소리 없이 내려도
눈 녹는 계곡물 소린

참으로 청아하다

계곡은 오래오래
그 소릴 담으려고,

밤새 온 산을 뒤척이며
눈발을 끌어 덮네
—「동상이몽」 전문

이 시도 앞서 분석한 작품과 유사한 발상을 보여주고 있다. 소리 없이 내려서 온 산을 뒤덮는 "눈"은 죽음의 메타포라고 할 수 있다. 모든 존재자들의 존재성을 지우기도 하고 얼리기도 한다는 점에서 그러한 성향은 죽음의 속성과 통하기 때문이다. 그것은 소리가 없는 무음의 속성을 지니고 있으며, 고여 있다는 점에서 정적인 성향을 내포하고 있는데, 이러한 점도 죽음을 연상시킨다. 이와 반대로 계곡물 소리는, "참으로 청아하다"는 점에서도 그렇지만 눈이 녹아서 생성된 것이라는 점에서, 그리고 고여 있던 것이 흐르고 소리를 생성해낸다는 점에서 삶의 메타포로 해석할 수 있다. 그러니까 이 시는 산 능선에 쌓인 눈과 눈이 녹아서 흐르는 계곡물 소리를 통해서 죽음과 삶의 관계에 대해서 다루고 있는 셈이다.

중요한 점은 계곡물 소리가 계곡이 밤을 새워 온 산을 뒤척이며 눈발을 끌어 모아온 그 눈이 녹아서 생성된다는 점이다. 이를 알기에 계곡은 눈이 녹아 흐르면서 생기는 그 청아한 물소리를 오래오래 간직하려고 밤새 "눈발을 끌어" 모으고 있는 것이다. 계곡물 소리는 물론 눈이 저절로 내는 것은 아니며, 그것이 녹아 흐를 때 생성되는 것이다. 그렇다고 해도 계곡이 간직하고 있는 물소리의 질료가 눈이라는 사실은 변하지 않는다. 삶은 죽음을 자양분으로 해서 자신을 지탱하며 풍요를 구가할 수 있음을 역설하고 있는 대목으로 이해할 수 있다. 사실 시인이 「자반 한 손」에서 노래하는 것처럼 우리가 육체적으로 일용할 양식은 대부분 죽음의 산물이며, 정신을 풍요롭게 하는 지식과 예술이라는 양식도 대부분 죽은 자들이 제공한 것들이다. 이 시는 삶이 죽음에 뿌리를 내리고 그것으로 삶을 영위하면서 수많은 죽음을 창출하는 이치를 함축하고 있다. 삶과 죽음에 대한 형이상학적 사유는 "지평선"의 발견에서 더욱 심화된다.

지상의 편린들
다 쓸어안고
천천히 하늘에 닿는

고단한 난간

도요새 날아간

어둑길 따라 까맣게
나도 지우며 간다
–「지평선」 전문

지평선이란 편평한 대지의 끝과 하늘이 맞닿아 경계를 이루는 선으로서 아득히 먼 곳에서 하늘과 대지가 접하는 경계를 말한다. 그것은 지표면과 하늘의 면이 만나 선을 이루는 곳이라는 점에서 면이 선으로 변모하는 곳, 곧 3차원의 공간이 2차원의 공간으로 변하는 지점을 지칭한다. 그곳은 아득히 멀어진다는 점에서 소멸과 이별의 의미 자장을 거느리지만, 대지와 하늘이 서로 만난다는 점에서는 통합과 생성의 대립적인 의미를 내포하기도 한다. 지평선은 매우 모순적이면서 역설적인 특수한 지점이라는 것을 알 수 있다.

하지만 이 시에서 그것은 "지상의 편린들"을 하늘에 닿도록 하는 "난간"으로 간주하고 있다는 점에서 소멸과 죽음의 메타포로 해석된다. 주로 북쪽 툰드라에 서식하는 도요새가 날아간 곳이라는 점에서 그곳은 북쪽의 방위와 연결되고, "어둑길"의 이미지와도 결합되어 있다는 점에서 지평선의 그러한 취의는 더욱 강화된다. 그런데 시적 화자는 지평선을 향해 "까맣게/ 나도 지우며 간다"라고 담담하게 서술하면서 슬프거나 애틋한 애상에 잠기지 않는다. 오히려 "지상의 편린들/ 다 쓸어안고/ 천천히 하늘에 닿는// 고단한 난간"이라고 표현하면서 삶의 온

갖 고뇌와 고통으로부터 벗어나는 홀가분한 해방감 같은 것을 암시한다. "까맣게/ 나도 지우며 간다"라는 구절에서는 소멸과 무화에서 오는 어떤 안도감 같은 것도 느껴진다. 죽음은 반드시 공포의 대상이거나 기피의 얼굴이 아닐 수도 있으며, 오히려 위안과 안식의 계기일 수 있음을 일러주고 있는 셈이다.

시인은 다른 시편에서도 "나비가/ 새의 부리에 물려/ 더 높은 하늘을 날듯// 걱정 마라 죽음도 더러/ 가을처럼 풍성해서"(「보상報償」)라고 하면서 죽음의 풍요로운 속성을 강조하기도 하고, "캄캄한 동굴 뒤편/ 나도 모르는 세상이/ 또 거기 있다니"(「친절한 길」)라고 하면서 지평선 너머에서 새로운 세계가 펼쳐질 수 있음을 암시하기도 한다. 시인에게 죽음은 수많은 작별과 이별을 경험하고 울음으로 넘쳐나던 이승의 삶을 마감하고 이미 죽은 자들을 만나는 상봉의 공간일 수도 있고, 그러한 점에서 풍요로운 시간일 수도 있을 것이다. 그렇지 않더라도 죽음은 고뇌와 고통으로 점철된 이승의 삶을 마감하고 새로운 세계를 만날 수 있는 가능성의 계기일 수도 있다. 이러한 생각 속에는 인간의 속성인 유한성을 저주가 아니라 오히려 축복이나 가능성으로 수용하는 사고의 전환이 잠재되어 있다. 삶과 마찬가지로 죽음도 축복일 수 있으며, 죽음이 삶의 구원일 수 있다는 사실에는 삶과 죽음이 영원히 등을 맞댄 채 공존해야 한다는 생각이 내포해 있는 것이다. 결국 삶과 죽음의 문제는 그것을 주재하는 더 큰 존재에 대한 생각으로 이어질 수밖에 없다.

비오리 깃털 속에
봄을 숨겨두었다가
언 강 풀리니
도로 꺼내 오는 그는 누구

중랑천방길 마른 잔디 위로
추운 밤을 뒤적이며
살금살금 꼬물대는
초록 맨발들

답십리 휘몰던 칼바람도
낯선 외지 사람처럼
다소곳이 봄 햇살에
떠날 길을 묻고 있네
–「초록 맨발」 전문

무엇보다 주목되는 점은 "답십리 휘몰던 칼바람"이 "떠날 길을 묻고 있"다는 대목이다. 우리는 흔히 죽음에 의해서 삶이 밀려나는 것으로만 생각하는 경향이 있는데, 이 시는 삶에 의해 죽음이 밀려나고 있음을 표 나게 강조함으로써 관습적 인식에

충격을 가한다. 봄 햇살에 밀려 휘몰아치던 칼바람이 떠나는 장면이 바로 그처럼 삶의 힘에 밀려 죽음이 소멸하는 대목이라고 할 수 있는데, 중랑천의 방죽에서 추운 밤이 지배하는 마른 잔디 위로 꼬물대며 돋아나 그것을 대체하는 "초록 맨발들" 역시 삶이 죽음을 쫓아내는 혁명의 한 장면이라고 할 수 있다.

주목되는 다른 하나는 답십리를 휘몰아치던 칼바람이 봄 햇살에게 "다소곳이" "떠날 길을 묻고 있"다는 점이다. 칼바람이 봄 햇살에 저항하거나 밀려나지 않기 위해 버티지 않고 순순히 떠날 길을 수용하는 것이다. 칼바람의 이러한 순응의 자세는 곧 "봄을 숨겨두었다가" "도로 꺼내 오는" "누구"라는 존재에게 복종하는 것이며, 그가 구현하는 이치와 법칙에 순응하는 것이라고 할 수 있다. 봄을 꺼내 오는 존재란 삼라만상의 운동과 생멸을 주재하는 절대자로서 자연의 이법과 섭리라고 할 수 있는데, 삶과 죽음은 그러한 이법과 섭리에 종속되어 있는 셈이다. 이 시에서 추론할 수 있는 자연의 이치가 구현하는 원리란 상식적일 수도 있지만, 삶이 물러나야 죽음이 올 수 있고 죽음이 물러나야 삶이 올 수 있다는 것이며, 삶과 죽음은 서로 꼬리를 물고서 순환해야 한다는 사실이다. 이 시에서 강조하는 메시지는 죽음조차 그러한 자연의 이치에 복종하거늘 하물며 삶이 그러한 섭리에서 벗어나려고 하는 것은 불가능할 뿐만 아니라 매우 어리석은 헛수고에 불과하다는 사실이다.

4. 노경에 대한 탐구로서의 가치

지금까지 살펴본 것처럼 서상만 시인이 그의 열 번째 시집에서 전개하고 있는 시적 사유와 시적 세계의 구축은 매우 섬세하고 아름다울 뿐만 아니라 심오하기도 하다. 시란 지상에 남기는 유언이나 흔적으로서의 역사일 수 있다는 생각, 그렇기 때문에 시는 이 세상에서 마지막으로 보는 것처럼 사물과 대상을 대해야 한다는 생각, 과도한 주관의 해석을 배제하고 있는 그대로의 대상을 그려내어 시적 리얼리즘을 확보해야 한다는 생각, 그러기 위해서는 혀에서 독을 빼고 사무사의 청정무구한 본래 마음을 회복해야 한다는 생각 등이 촘촘한 그물망처럼 그의 시론을 형성하고 있다.

그리고 그러한 시론으로 대상을 대하면 유한성을 공유한 운명의 공동체로서 공감과 연대의 마음이 생성될 수밖에 없다는 것, 집착과 분별심에서 벗어나 있는 그대로의 생생하고 생동하는 이미지와 조우할 수 있다는 것, 종말의 시기를 모르면서 찰나를 살아가는 유한성의 절박하고 풍요로운 이미지를 만날 수 있다는 것을 확인할 수 있었다. 또한 삶과 죽음, 시간에 대한 사유를 통해서 죽음이 삶의 풍요로움의 자장이자 원천일 수 있다는 점, 죽음은 또 다른 세계의 가능성이며 유한성이란 축복일 수도 있다는 인식에 도달하는 장면을 목격할 수 있었다. 이러한 장면들을 통해서 서상만 시인은 노년의 삶이 결코 초라하거나 빈곤하지 않으며, 생동감 있고 풍요로운 것일 수 있음을 보여준다. 서상만 시인은 이 시집 한 권만으로도 노경에 대한 본격적인 탐구로서 그 시사적 가치가 평가되어야 할 것이다.